¿Qué le gusta al Gato Goloso?

**Escrito por Joy Cowley
Adaptado por Mary Cappellini
Ilustrado por Robyn Belton**

**LEARNING
MEDIA®**

Al Gato Goloso le gusta el papel.

Al Gato Goloso le gusta la cuerda.

Al Gato Goloso le gusta la bolsa.

Al Gato Goloso le gusta la caja.

Al Gato Goloso le gusta el ratón,
pero no para comer.

¿Qué le gusta comer al Gato Goloso?

¡Le gusta el pastel de chocolate!